60

돌아온 오디세우스

주니어RHK

신화의 가치

신화는 한 민족의 기원이나 역사적 · 종교적 · 문화적 삶의 모습을 보여 주는 옛이야기입니다. 주로 신과 영웅에 관한 이야기가 많고, 오랫동안 입에서 입으로 전해 내려왔다는 특징이 있지요.

우리가 살펴볼 그리스 로마 신화는 고대 그리스와 로마에 전해 오는 신화와 전설을 한데 묶은 것입니다. 그리스 로마 신화는 고대의 삶을 엿보게 해 주는 문화유산일 뿐만 아니라, 세계 여러 나라의 문학과 미술에 큰 영향을 끼쳤습니다. 하지만 문화적 가치만큼이나 중요한 것이 또 있습니다. 오래된 옛이야기이면서도 거기에 담긴 교훈적 가치가 오늘날에도 여전히 쓸모 있고 중요하다는 사실입니다.

놀랍지 않나요? 수천 년 전의 이야기가 어떻게 과학 문명이 고도로 발달한 오늘날에도 통하는 것일까요? 그것은 바로 그리스 로마 신화에 나오는 신과 영웅의 모습이 오늘날 우리의 모습과 다르지 않기 때문입니다. 신들도 우리처럼 분노하고, 질투하고, 실수를 하지요. 그런 모습을 보면서 우리는 깔깔 웃거나 눈물을 흘리고, 교훈과 감동을 얻습니다. 우리가 그리스 로마 신화를 읽어야 하는 까닭이 바로 이것입니다.

신화의 세계로 떠날 여러분에게 한마디 덧붙이자면, 신화는 우리에게 끝없는 상상력을 요구한다는 점입니다. 신화 속에는 수많은 은유와 상징이 곳곳에 널려 있지요. 따라서 신화를 읽을 때에는 상상력을 최대한 발휘하여 신화 속에 숨겨진 의미를 찾고, 그것을 자기 나름대로 재해석하는 과정이 필요합니다. 이렇게 읽었을 때에야 비로소 여러분 앞에 놀라운 삶의 이야기가 펼쳐질 것입니다.

자, 그럼 흥미진진한 신화의 세계 속으로 함께 떠나 볼까요?

오디세우스가 고향 이타케를 떠난 지 이십 년.

고향에 돌아와 보니 아내와 오디세우스의 자리를 차지하려는 적들로 가득합니다.

온갖 고생 끝에 고향에 돌아온 오디세우스는

적들을 물리치고 가족들과 행복하게 살 수 있을까요?

오디세우스의 마지막 모험을 지켜보세요.

주요 등장인물

오디세우스

이타케 섬의 왕으로 트로이 전쟁을 승리로 이끌었어요. 전쟁 뒤 집으로 돌아가며 온갖 모험을 해요. 아내 페넬로페와 아들 텔레마코스를 사랑하는 마음이 무척 깊어요.

페넬로페

오디세우스의 아내로 남편이 돌아올 때까지 다른 남자들의 유혹을 뿌리치고 힘든 시간을 견뎌요. 구혼자들을 속이기 위해 꾀를 내기도 하지요. 침착하고 현명해요.

텔레마코스

오디세우스와 페넬로페 사이에서 태어난 아들이에요. 아버지와 어머니를 사랑하며 용기가 있어요. 몰려드는 구혼자들로부터 어머니를 지키기 위해 최선을 다해요.

1
거지로 변한 오디세우스

아테나가 오디세우스의 몸에 창을 대며 말했습니다.

"내가 너의 모습을 바꾸어 주마."

오디세우스는 지나가던 사람에게서 아내의 소식을 듣고 깜짝 놀랐습니다.

"이, 이럴 수가!"

그 사람은 오디세우스가 아무래도 이상하다는 듯이 말했습니다.

"이 나라 사람이 아닌가 보군. 이 나라가 엉망이 된 지도 오래요. 왕을 기다리던 백성들도 이젠 지쳤다오. 오디세우스 왕은 아마 전쟁 중에 돌아가셨거나 고향으로 돌아오는 길에 사고를 당했겠지. 오디세우스 왕이 나타나지 않자 왕이 되겠다고 나서는 이들이 많은데 죄다 엉터리에 나쁜 놈들뿐이오.

왕비님 혼자 버티고는 있지만 어떻게 될지…….”

오디세우스는 몸을 부르르 떨며 외쳤습니다.

“이놈들, 용서하지 않겠다!”

이야기를 해 준 사람은 놀라서 오디세우스를 쳐다보았습니다. 오디세우스는 긴 칼을 빼 들고 궁전으로 달려갔습니다.

이십 년이나 흘렀지만 자신이 살던 궁전으로 가는 길은 어제 본 것처럼 눈에 익었습니다. 오디세우스는 발걸음을 빨리했습니다.

'아아, 페넬로페. 정말 미안하오. 나 때문에 얼마나 힘들었을까. 모두 가만두지 않을 테다!'

궁전에 도착한 오디세우스가 막 계단을 오르려는 순간 눈부신 빛이 나타나 오디세우스를 감쌌습니다. 그 빛 가운데 아테나 여신이 보였습니다. 여신은 오디세우스에게 말했습니다.

"오디세우스, 네 고향 이타케는 예전과 달라졌다. 네가 나타나지 않기를 바라는 사람들뿐이다. 분한 마음으로 뛰어든다면 너만 위험해질 것이다."

"아테나 여신님. 하지만 그들을 어서 물리쳐야 합니다."

오디세우스는 여전히 칼을 움켜쥔 채 말했습니다.

“그래, 하지만 조금만 더 기다려라. 지금 나서면 너와 아내 그리고 아들까지 다칠 수 있다. 너는 트로이 전쟁을 승리로 이끈 장군이 아니더냐. 좀 더 현명하게 적을 물리치도록 해라.”

오디세우스는 고개를 끄덕였습니다.

“알겠습니다. 그럼 이제 전 어떻게 하면 좋을까요?”

아테나가 오디세우스의 몸에 창을 대며 말했습니다.

“내가 너의 모습을 바꾸어 주마.”

아테나의 말이 끝나자 오디세우스의 모습이 눈 깜짝할 사이에 바뀌었습니다. 젊고 건강한 남자였던 오디세우스가 늙은 노인의 모습이 되었습니다. 살갗이 늘어지고 얼굴은 주름이 잡혀 쭈글쭈글했습니다. 옷도 여기저기 해어진 초라한 모습이었습니다.

오디세우스의 모습을 바꾸어 준 뒤 아테나는 금세 사라졌습니다. 눈부시게 빛나던 환한 빛도 사라졌습니다.

그때 오디세우스의 뒤에서 말소리가 들렸습니다. 거만해 보이는 남자들 여럿이 말에서 내렸습니다. 오디세우스는 그들이 지방에서 몰려든 못된 귀족들임을 알아보았습니다. 날마다 페넬로페를 찾아와 결혼하자고 졸라 대며, 나라를 집어삼키려는 자들이었습니다.

'이놈들, 조금만 기다려라.'

오디세우스의 꽉 쥔 주먹이 부들부들 떨렸습니다. 귀족들은 그런 오디세우스를 알아보지 못한 채 줄줄이 궁전 안으로 들어갔습니다.

2
아들과 만나다

"여기에 뭐가 있다는 거지?"

그때였습니다. 부스럭거리는 소리와 함께

마른풀 더미에서 사람이 튀어나왔습니다.

한편 오디세우스의 아들 텔레마코스는 오래전부터 아버지를 찾아 이 나라 저 나라를 헤매고 다녔습니다. 하지만 어디에서도 오디세우스를 보았다는 이야기를 듣지 못했습니다.

'아버지는 돌아가신 것일까?'

그렇게 절망하다가도 다음 순간 마음을 고쳐먹었습니다.

'아버지는 강한 분이라고 하셨어. 우리를 두고 돌아가셨을 리 없어.'

그러던 어느 날, 텔레마코스 앞에 아테나 여신이 모습을 드러냈습니다.

"이제 고향으로 돌아가거라."

여신은 그 말만을 남기고 사라졌습니다. 고향에는 텔레마코스를 죽이려는 사람들이 우글거렸습니다. 잘못하다가는 아버지를 만나기도 전에 그들에게 잡힐지도 모를 일이었습니다. 하지만 아테나 여신이 돌아가라고 한 데에는 이유가 있을 거라고 생각한 텔레마코스는 결심했습니다.

'그래, 고향 이타케로 돌아가자.'

오디세우스를 도와주는 아테나 여신

오디세우스는 바다의 신 포세이돈과 태양의 신 헬리오스에게 미움을 받아 갖은 어려움을 겪었어요. 하지만 아테나 여신은 오디세우스를 여러 방법으로 도와주지요. 아테나 여신이 이처럼 그를 도운 이유는 오디세우스가 트로이를 무찌르는 데 공을 세웠기 때문이라고 해요. 그 전에 트로이의 파리스 왕자가 세상에서 가장 아름다운 여신으로 자신을 뽑지 않아 파리스와 트로이에 미움을 품었던 것이지요. 또 이성과 강한 힘을 중시하는 아테나 여신이 오디세우스처럼 영웅적인 행동을 하는 사람들을 귀하게 여겼기 때문이라고도 해요.

궁전 앞에 서 있는 오디세우스의 귀에 컹컹 하고 개 짖는 소리가 들려왔습니다. 곧 늙은 개 한 마리가 오디세우스를 향해 달려왔습니다.

"아르고스!"

오디세우스는 낮은 목소리로 중얼거렸습니다.

"아르고스! 아직 살아 있었구나!"

아르고스는 오디세우스가 아끼며 키우던 개였습니다. 아르고스는 반갑다는 듯이 꼬리를 흔들었습니다. 하지만 이젠 너무 늙어서 숨을 헐떡이는 걸 보고 오디세우스의 눈에 눈물이 맺혔습니다.

오디세우스는 아르고스를 품에 안았습니다. 오랜 세월이 흘렀지만 주인을 잊지 않은 개가 대견했습니다. 아르고스는 그런 오디세우스의 마음을 안다는 듯이 오디세우스의 얼굴을 혀로 핥았습니다. 그러다가 갑자기 오디세우스에게서 몸을 떼어 걷기 시작했습니다.

“아르고스, 아르고스? 어디 가느냐?”

오디세우스가 아르고스를 부르자 아르고스는 뒤를 한 번 돌아보더니 다시 앞을 향했습니다. 마치 따라오라고 말하는 것 같았습니다.

“아르고스, 널 따라오라는 거냐?”

오디세우스는 충성스러운 아르고스를 믿어 보기로 하고, 뒤를 따라갔습니다.

그렇게 꽤 걸어 마을을 벗어나고, 언덕을 넘었습니다. 어느덧 해가 저물어 어두워졌습니다.

'이 녀석 어디까지 갈 생각이지? 내게 뭘 보여 주려는 것인지 궁금하군.'

이윽고 아르고스는 아무도 살지 않을 것 같은 낡은 창고 앞에 멈춰 섰습니다.

"들어가라는 것이냐?"

오디세우스는 창고 안으로 조심스레 들어섰습니다.

컴컴한 창고 안에는 마른풀 더미만 가득했습니다.

"여기에 뭐가 있다는 거지?"

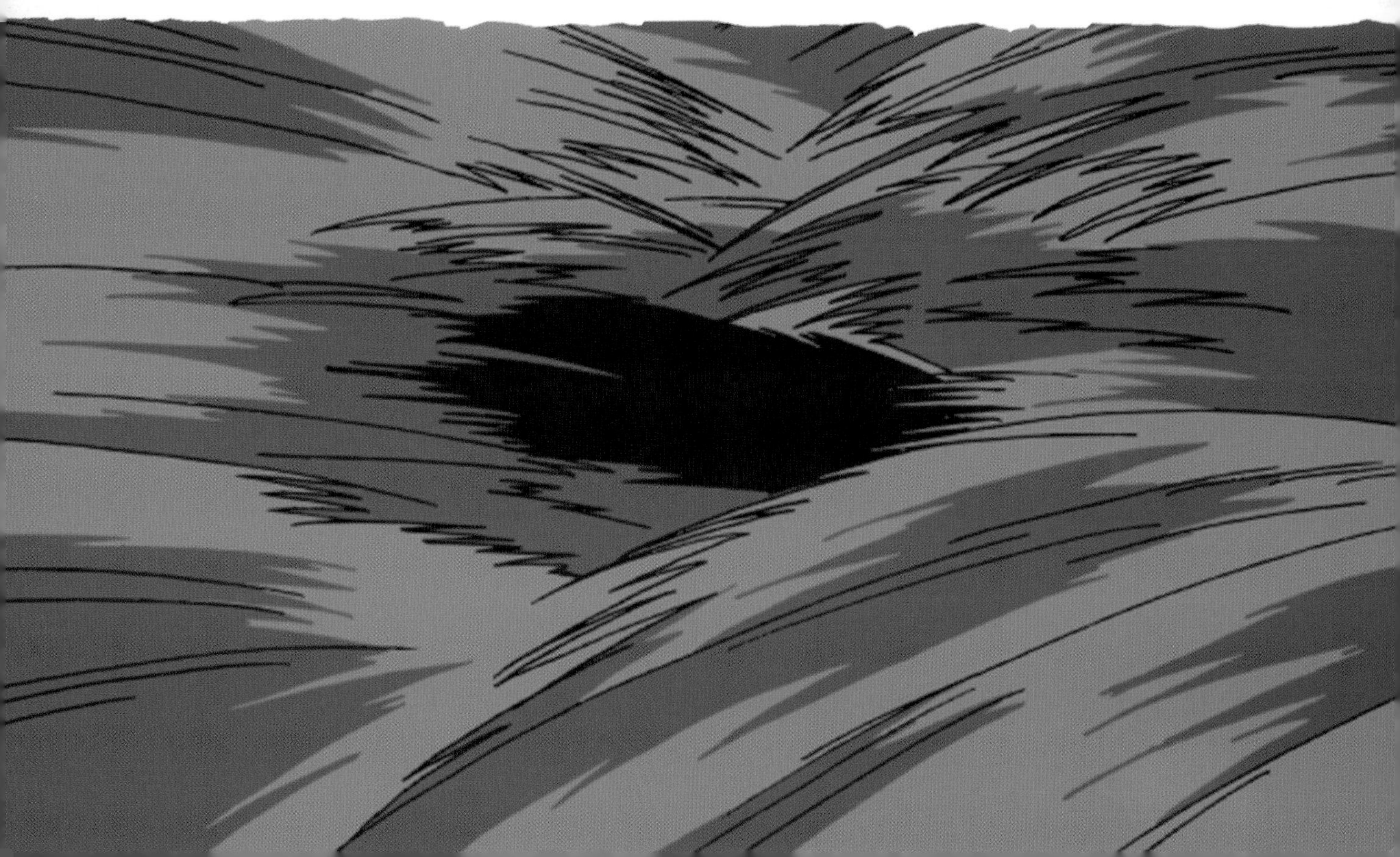

그때였습니다. 부스럭거리는 소리와 함께 마른풀 더미에서 사람이 튀어나왔습니다.

"에잇!"

마른풀 더미에서 나온 젊은 남자는 오디세우스를 한 방에 쓰러뜨려 눌렀습니다. 늙고 병든 몸의 오디세우스는 꼼짝없이 깔리고 말았습니다.

"누구냐? 여긴 어떻게 알고 왔지?"

젊은이가 소리쳤습니다.

"너, 너야말로 누구냐? 콜록콜록."

오디세우스는 목이 눌려 제대로 숨을 쉴 수가 없었습니다.

그때 아르고스가 멍멍 짖으며 뛰어들었습니다.

사실 그 젊은이는 오디세우스의 아들 텔레마코스였습니다.

오디세우스의 아들 텔레마코스

텔레마코스는 오디세우스가 트로이 전쟁에 나가기 직전에 태어난 외아들이에요. 이야기에 따르면 오디세우스는 아내와 어린 아들을 두고 전쟁에 나가고 싶지 않아 미친 척했대요. 밭에 소금을 뿌리고 당나귀에 쟁기를 매어 밭을 갈았는데, 팔레메데스라는 사람이 오디세우스가 진짜 미쳤는지 알아보려고 쟁기 앞에 텔레마코스를 놓아두었다고 해요. 쟁기질을 계속했다가는 아들이 다칠 것이므로 오디세우스는 쟁기질을 멈추었지요. 결국 진짜로 미치지 않은 것이 들통 나 트로이 전쟁에 나갔다고 해요.

이타케로 돌아와 때를 엿보며 이렇게 숨어 지냈던 것입니다.

아르고스는 주변을 빙빙 돌더니 오디세우스에게 다가가 얼굴을 핥았습니다.

"아르고스, 그러지 말고 날 좀 구해 다오."

오디세우스가 말했습니다. 이 모습을 본 텔레마코스는 깜짝 놀랐습니다. 왜냐하면 아르고스는 무척 충성스러운 개로 오로지 주인만을 알아보고 핥았기 때문입니다. 그리고 낯선 사람한테는 물러서지 않고 으르렁거렸습니다. 그런 아르고스가 주인한테 하듯이 귀엽게 구는 것을 보고 텔레마코스는 손에 준 힘을 풀었습니다.

"아르고스를 그렇게 대하다니 당신은 누구요?"

이윽고 정신을 차린 오디세우스가 젊은이의 얼굴을 살펴보았습니다. 그리고 깜짝 놀랐습니다.

'이 아이는 텔레마코스로구나! 아르고스가 날 텔레마코스에게 데리고 온 거야! 훌쩍 자랐지만 어릴 적 모습 그대로야!'

"텔레마코스!"

오디세우스가 외치자 옆에서 아르고스가 덩달아 짖었습니다.

"텔레마코스, 나는 오디세우스다. 바로 네 아버지야……."

텔레마코스의 눈이 휘둥그레졌습니다.

"그런데 왜 거지 차림을 하고 계신가요?"

"나를 해치려는 사람들의 눈을 피하기 위해 아테나 여신이 바꿔 주신 것이다. 얼마나 네가 보고 싶었는지 모른다. 사랑하는 아들아."

"아버지!"

두 사람은 서로 얼싸안았습니다. 이윽고 텔레마코스가 굳은 표정으로 말했습니다.

"아버지! 궁전으로 가요, 가서 어머니를 구해야 해요!"

3
왕궁으로 돌아온 오디세우스

"활쏘기 시합에서 이긴 사람과 결혼하겠습니다.
화살을 쏘아 열두 개의 작은 고리를 관통하는 사람이 이기는 겁니다."

궁전에서는 구혼자들의 *횡포가 날로 심해지고 있었습니다.

페넬로페는 구혼자들의 괴롭힘에서 벗어나려고 홀로 방에서 옷감을 짜고 있었습니다. 구혼자들이 우르르 몰려왔습니다.

"아름다운 페넬로페여, 나와 결혼해 주시오. 이제 더 기다릴 수 없소."

"그대는 나와 결혼해야 하오. 내 손을 잡아 주시오."

페넬로페는 고개를 저었습니다.

"이 옷감을 다 짜고 나면 그때 생각해 보겠습니다. 그만 물러

*횡포 제멋대로 굴며 몹시 난폭함.

나십시오.”

그러자 구혼자 가운데 한 사람이 칼을 뽑아 들었습니다.

“언제까지 기다리게 할 거요? 이 따위 옷감이 도대체 언제 완성된단 말이오? 이제 잔꾀는 집어치우시오!”

구혼자는 페넬로페의 옷감을 갈가리 찢어 버렸습니다.

구혼자들이 나가 버리자, 페넬로페의 얼굴에 눈물이 흘렀습니다.

‘아아, 오디세우스! 당신은 대체 언제 돌아올 건가요.’

페넬로페의 꾀

수많은 구혼자들의 협박과 유혹 속에 페넬로페는 한 가지 꾀를 내어요. 오디세우스의 아버지 라에르테스의 수의를 다 짜면 구혼자 중 한 명과 결혼하겠다고 말이에요. 수의는 시신에 입히는 옷이에요. 페넬로페는 낮이면 수의를 짜고, 밤이면 짠 수의를 다시 풀어 버리는 방법을 써서 삼 년이나 버텼어요. 그리하여 싸움을 일으키지 않고도 긴 시간을 벌 수 있었답니다. 하지만 한 하녀가 이 일을 사람들에게 알려요. 마침 그때 오디세우스가 돌아오지요.

다음 날 아침, 텔레마코스가 먼저 궁전으로 들어갔습니다. 구혼자들은 보이지 않던 텔레마코스가 나타나자 깜짝 놀랐습니다.

"텔레마코스 왕자, 도대체 어디를 다녀오신 게요?"

"죽었는지 살았는지 소식도 없다 이렇게 불쑥 나타나도 되는 거요?"

사람들은 저마다 *빈정거렸습니다.

"내가 내 집에 왔는데, 무슨 소리요?"

*빈정거리다 남을 은근히 비웃는 태도로 자꾸 놀리다.

텔레마코스가 받아치자 사람들은 낄낄대며 말했습니다.

"맞습니다. 궁전은 왕자가 지내실 곳이지요. 아직까지는 말입니다."

이렇게 말하면서 그들은 속으로 생각했습니다.

'텔레마코스 놈, 제 발로 궁전에 들어왔군. 살아서 궁전을 빠져나갈 수는 없을 것이다.'

텔레마코스는 아무렇지도 않은 척하며 그들과 어울려 식사를 했습니다.

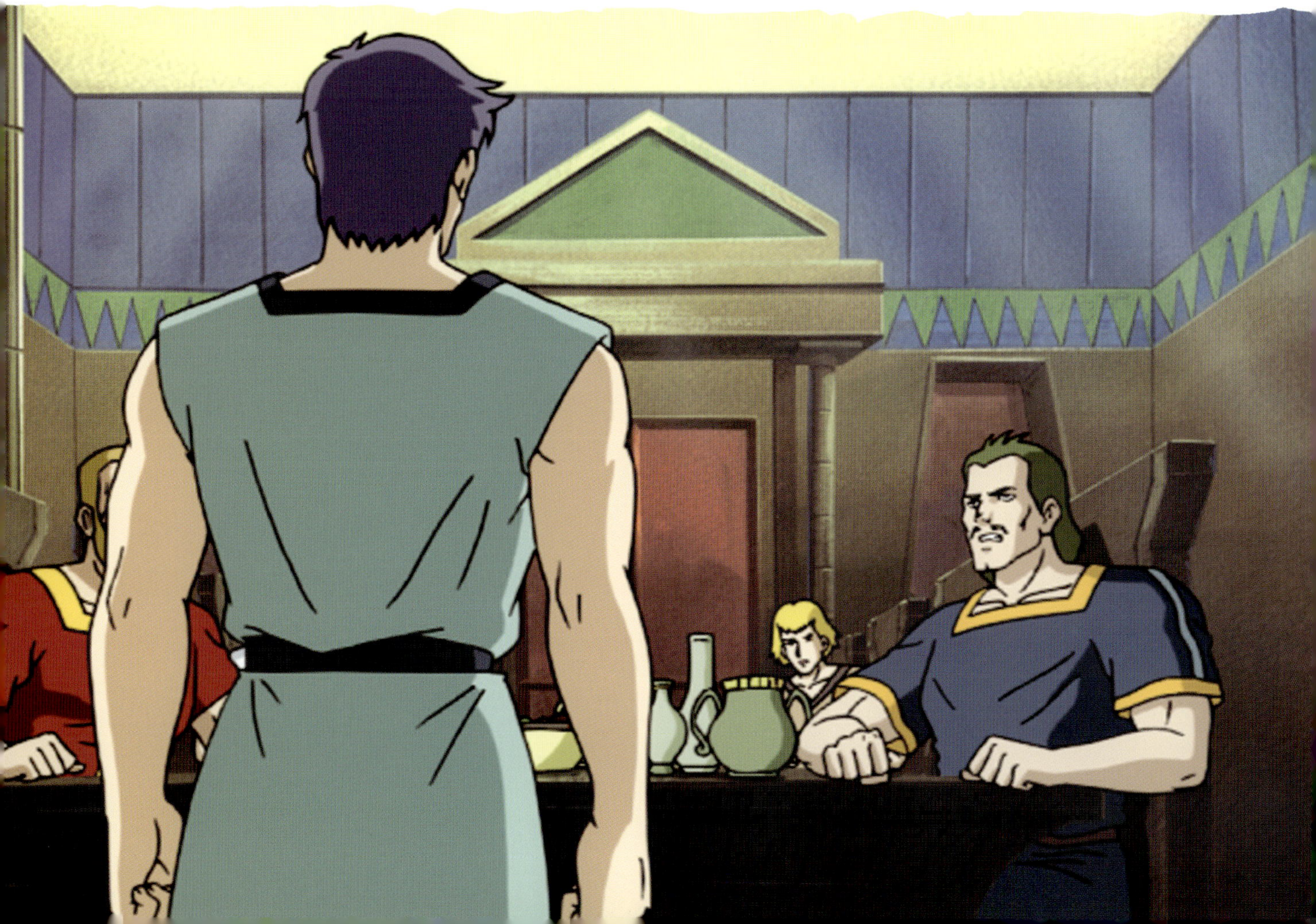

텔레마코스가 돌아왔다는 소식에 좀처럼 자기 방에서 나오지 않던 페넬로페도 나타났습니다.

"텔레마코스! 돌아왔구나. 얼마나 걱정했는지 모른다."

"이제 걱정 마세요. 모든 게 다 잘될 거예요."

텔레마코스는 페넬로페의 귀에 속삭였습니다.

얼마 후 거지꼴을 한 늙은 남자가 궁전에 왔습니다.

"아니, 저자는 누구냐?"

깜짝 놀란 페넬로페가 묻자 남자가 직접 대답했습니다.

"지나가는 늙은 거지에게 *자비를 베풀어 주십시오."

"좋다. 들어와서 음식을 들어라."

구혼자들이 주인이라도 되는 것처럼 말했습니다. 페넬로페는 거지의 눈빛이 빛나는 것을 보고 이상하게 여겼지만, 그가 오디세우스인 줄은 꿈에도 몰랐습니다.

*자비 남을 깊이 사랑하고 가엾게 여겨서 베푸는 혜택.

수의를 다시 푸는 페넬로페

〈천을 푸는 페넬로페〉 레안드로 바사노

늦은 밤, 불을 켜고 낮 동안 짠 천을 몰래 푸는 페넬로페의 모습이에요. 삼 년 동안이나 변함없이 같은 일을 한 페넬로페의 모습에서 남편에 대한 사랑과 믿음이 묻어 나와요.

구혼자들이 느물느물 웃으며 말했습니다.

“오디세우스 왕은 죽은 거나 마찬가지니, 새 왕을 뽑아야 하지 않겠소?”

“뭐요? 그게 무슨 말도 안 되는 소리요?”

텔레마코스가 분이 복받쳐 외쳤습니다. 페넬로페는 그런 아들을 달랬습니다. 낄낄거리던 구혼자가 칼을 뽑아 들었습니다.

“붙어 보자는 건가요, 애송이 왕자님? 우리는 지금 농담하는 게 아닙니다.”

페넬로페는 그 모습을 보며 긴 한숨을 내쉬었습니다.

“이제 여러분을 더 기다리게 할 수 없겠군요. 내 남편이 될 사람을 고르겠습니다.”

구혼자들이 손뼉을 쳤습니다.

“그래, 잘 생각했소. 누구를 선택할지 결정했소?”

페넬로페는 방 안에 있는 사람들을 둘러보며 말했습니다.

"활쏘기 시합에서 이긴 사람과 결혼하겠습니다. 화살을 쏘아 열두 개의 작은 고리를 *관통하는 사람이 이기는 겁니다."

"별로 어렵지 않군. 활은 어떤 것을 쓰는 것이오?"

"제 남편 오디세우스가 쓰던 활입니다."

페넬로페가 눈짓을 하자 텔레마코스가 달려가 활과 화살을 가져왔습니다. 텔레마코스는 그것들을 바닥에 내려놓으며 외쳤습니다.

"각자 지니고 온 무기는 저 구석에 내려놓으시오. 시합에서 진

*관통 꿰뚫어서 통함.

사람이 자신의 무기로 다른 사람들을 해칠 수도 있소. 그런 위험을 방지하고자 함이오."

"그래, 그렇겠군."

구혼자들은 저마다 지니고 있던 무기를 한데 모아 내려놓았습니다.

구혼자들이 자리에 앉자, 텔레마코스가 시범을 보이러 나섰습니다.

“내가 먼저 해 보겠습니다.”

하지만 활이 어찌나 무겁고 뻣뻣한지 *활시위를 당길 수조차 없었습니다. 텔레마코스는 애쓰다가 고개를 저으며 한 걸음 뒤로 물러났습니다.

그러자 몸집이 큰 구혼자가 자신 있게 나섰습니다. 구혼자는 낑낑대며 활시위를 당기려 애썼습니다. 하지만 활은 꿈쩍도 하지 않았습니다.

*활시위 활대에 걸어서 켕기는 줄. 화살을 여기에 걸어서 잡아당겼다가 놓으면 화살이 날아간다.

"비켜 봐. 이번엔 내 차례다."

또 다른 구혼자가 나서서 활을 집었습니다. 안간힘을 썼지만 활이 조금 구부러졌을 뿐 그 역시 활시위를 당기지 못했습니다.

다른 구혼자들이 큰소리를 치며 너나 할 것 없이 앞으로 나섰습니다. 서로 활을 빼앗으며 힘을 써 보았지만 활은 전혀 움직이지 않았습니다.

"아니, 무슨 이런 활이 다 있어!"

"활시위를 당겨야 화살을 쏠 텐데 이게 뭐야."

"활에다 무엇인가를 발라 놓은 것이 틀림없어. 이걸로 화살을 쏠 수 있는 사람은 세상에 아무도 없어. 우릴 속일 참이오, 왕비?"

구혼자들은 목소리를 높여 따졌습니다.

"아닙니다. 그 활은 분명 오디세우스 왕이 즐겨 사용하던 것이었습니다."

그러자 그동안 잠자코 있던 늙은 거지가 앞으로 나섰습니다.

"제가 한번 해 봐도 되겠습니까?"

"아니, 거지 주제에 감히 어디를 나서는 게야?"

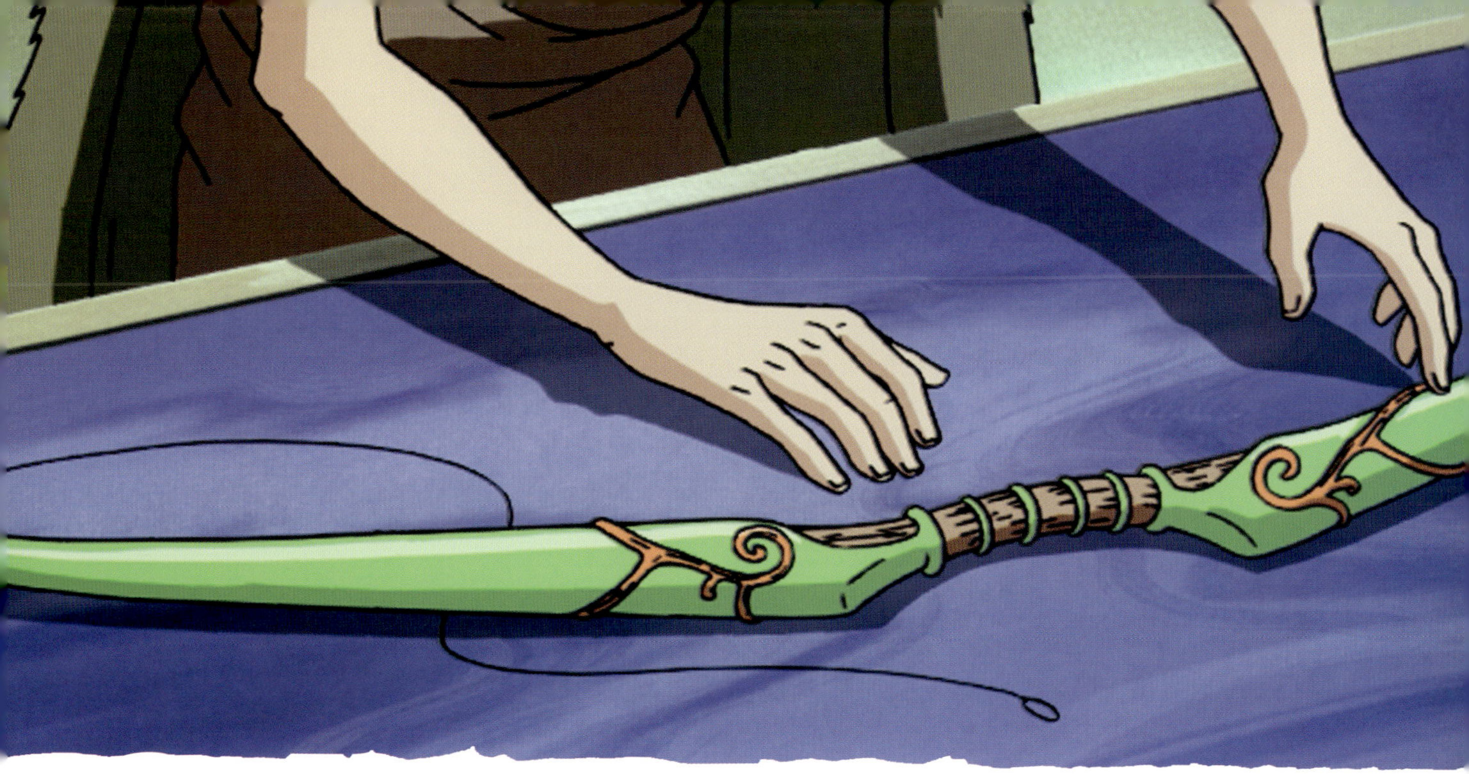

구혼자 중 한 명이 주먹을 휘둘렀지만 다른 구혼자가 말렸습니다.

"한번 해 보라지. 거지 주제에 왕비에게 욕심이 난 모양이로군."

모두 웃음을 터뜨렸습니다.

늙은 거지가 텔레마코스가 건넨 활을 받아 들었습니다. 그러고는 무척 소중하다는 듯이 활을 어루만졌습니다. 자신이 어렸을 때부터 가지고 다니던 활이었습니다.

'내 오랜 친구. 정말 오랜만이구나.'

구혼자들은 그런 늙은 거지, 아니 오디세우스를 보며 소리쳤습니다.

"뭘 하는 거야? 어서 해 봐."

오디세우스는 아랑곳하지 않고 활을 더 어루만졌습니다. 그러고는 두 팔에 힘을 주었습니다.

4
활시위를 당긴 오디세우스

이윽고 오디세우스가 활시위를 놓았습니다.

화살은 번개처럼 날아갔습니다.

"아니, 저럴 수가!"

활시위가 서서히 구부러지기 시작했습니다.

"앗, 저걸 봐!"

웃고 떠들던 구혼자들의 입이 쩍 벌어졌습니다. 오디세우스는 활시위에 걸린 화살을 힘껏 잡아당겼습니다.

"활시위가 구부러졌어! 저 늙은 거지가 활시위를 당겼어!"

놀라기는 페넬로페도 마찬가지였습니다.

그 모습을 지켜보는 텔레마코스의 얼굴에 미소가 번졌습니다.

오디세우스는 활시위를 당긴 채 열두 개의 작은 고리들을 노려보았습니다. 방 안은 쥐 죽은 듯이 조용해졌습니다.

구혼자들은 모두 꿀꺽 침을 삼켰습니다.

이윽고 오디세우스가 활시위를 놓았습니다. 화살은 번개처럼 날아갔습니다.

"아니, 저럴 수가!"

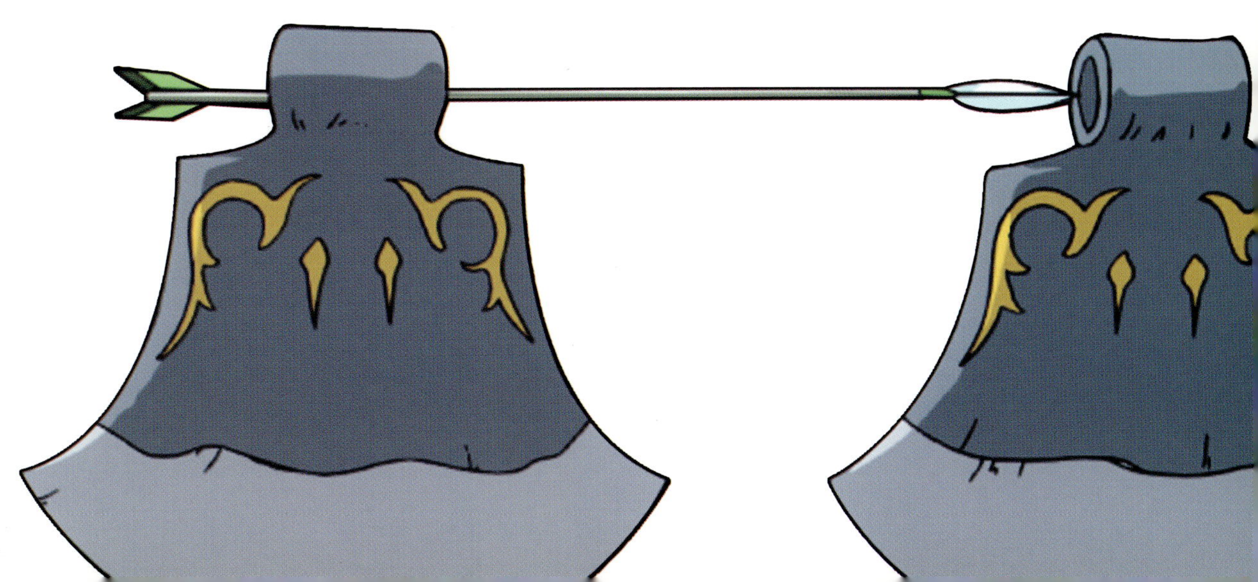

오디세우스가 쏜 화살은 열두 개의 고리를 단숨에 통과해 반대쪽 벽에 꽂혔습니다.

구혼자들은 분노를 터뜨렸습니다.

“우린 인정할 수 없어. 어디서 굴러먹던 거지가 속임수를 쓴 거야.”

“페넬로페 왕비가 무슨 수를 쓴 거 아냐? 수상한 거지가 나타났다 했더니. 가만 보자, 텔레마코스 왕자의 *계략인가?”

그때 오디세우스가 구혼자들에게 몸을 돌렸습니다. 주먹을 쥐고 달려들려던 구혼자들은 깜짝 놀랐습니다.

***계략** 어떤 일을 이루기 위한 꾀나 수단.

늙고 보잘것없던 노인이 키가 크고 우람한 남자로 변해 갔기 때문입니다.

"아니, 저 사람은 오디세우스가 아닌가?"

"오디세우스가 어떻게……."

오디세우스는 더 이상 늙은 거지가 아니었습니다. 늠름한 장군의 모습이었습니다.

“오디세우스!”

페넬로페의 입에서 외침이 터져 나왔습니다. 지난 이십 년 동안 단 하루도 잊지 않은 남편이었습니다. 늙은 거지가 아버지라는 것을 알고 있던 텔레마코스도 늠름한 오디세우스의 모습을 보고 놀라기는 마찬가지였습니다.

오디세우스는 구혼자들에게 활을 겨누었습니다.

“내가 없는 동안 내 왕국과 왕비를 괴롭혔겠다! 이제 그 대가를 치르게 해 주마!”

구혼자들이 무기를 둔 곳으로 가려고 움직이기 시작했습니다.

하지만 오디세우스는 틈을 주지 않았습니다. 오디세우스의 화살이 하나도 빗나가지 않고 차례차례 구혼자들을 향해 날아갔습니다. 구혼자들은 더 이상 움직이지 못하고 그 자리에 쓰러졌습니다.

잘못을 빈 오디세우스

이야기에 따르면 오디세우스는 108명이나 되는 페넬로페의 구혼자들을 모두 죽이고, 이들 편을 들었던 부하나 하녀들도 모두 죽였어요. 그 후 죽은 이들의 가족이 찾아와 항의했지만, 아테나 여신이 돌봐 준 덕분에 이타케에는 다시 평화가 찾아왔다고 해요. 하지만 훗날 오디세우스는 너무나 많은 목숨을 해친 죄를 씻기 위해 다시 먼 길을 떠났다고 해요. 오디세우스는 여행 중에 포세이돈을 포함한 신들에게 용서를 빌었다고 해요.

오디세우스는 구혼자들을 모두 쓰러뜨린 뒤에야 페넬로페를 향해 몸을 돌렸습니다. 오디세우스는 아내의 눈을 지그시 바라보며 두 손을 맞잡았습니다.

"페넬로페, 그동안 얼마나 고생이 많았소? 내가 돌아왔소. 이제 아무것도 걱정하지 마시오!"

페넬로페의 눈에서 눈물이 흘렀습니다.

"오디세우스! 당신이 왔군요. 왜 이리 오래 걸렸나요?"

"그동안 있었던 일을 말하려면 며칠 밤을 새워야 할 것이오."

텔레마코스도 아버지 어머니 옆으로 다가갔습니다.

"아버지, 어머니! 드디어 우리 가족이 다시 만났군요."

세 사람은 함께 얼싸안은 채 기쁨의 눈물을 흘렸습니다.

"드디어 긴 모험이 끝났구나."

그렇습니다. 트로이 전쟁에 참가하면서 시작된 오디세우스의 길고 긴 모험이 드디어 끝난 것입니다.

오디세우스는 뱃길에서 만난 온갖 괴물들을 떠올렸습니다. 괴상하고 무시무시한 그들을 만나 용케 도망치기도 하고, 맞서 싸우기도 하고, 화해하기도 했습니다. 모험을 하는 동안 사랑하는 부하들을 잃고 겨우 혼자 살아남았습니다.

거친 전쟁터와 험난한 바다는 오디세우스를 이십 년 동안이나 붙들었습니다. 하지만 이제 험난한 모험을 끝내고 자신의 왕국으로 돌아온 것입니다. 아내와 아들을 만난 오디세우스는 고된 여정의 마지막을 이겨 낼 힘을 얻었습니다.

올림포스에서 이 광경을 지켜보던 신들의 얼굴에도 잔잔한 미소가 피어올랐습니다.

신화 뒷이야기

오디세우스는 아내 페넬로페를 괴롭히는 수많은 구혼자들을 물리치고 당당하게 자신의 본래 모습을 드러냈습니다. 이십 년이라는 긴 세월 동안 애타게 남편을 기다리던 아내, 아버지를 기다리던 아들은 얼마나 기뻤을까요? 아마 가슴이 벅차게 기뻤을 것입니다. 그런데 오디세우스는 가족을 만난 뒤로 어떻게 살았을까요?

전하는 이야기에 따르면 오디세우스는 그 후에도 많은 지역을 돌아다닌 것 같습니다. 오디세우스는 본래 한군데 머물러 있기를 좋아하는 사람이 아니었나 봅니다. 새로운 곳을 돌아다니며 온갖 희한한 것을 보면 사람이 한곳에 있으려면 좀이 쑤셨을 것 같기도 합니다.

오디세우스는 낯선 땅을 돌아다니며 수많은 도시를 건설했다고 전해집니다. 유럽 곳곳에 오디세우스의 흔적이 남아 있다고 하니 오디세우스의 왕성한 활동

력을 짐작할 수 있습니다.

이런 오디세우스의 성격은 바다 여행을 즐기고 모험가를 높이 떠받들었던 바다의 민족, 그리스 인들의 또 다른 모습입니다. 상상력이 풍부하고 이야기를 즐겼던 그리스 인들은 섬과 섬, 대륙과 대륙을 옮겨 다니며 새로운 사람을 만나는 오디세우스의 삶이야말로 진정한 그리스 인의 삶이라 생각했지요.

이처럼 신화 속에는 그 신화를 만든 민족이 중요하게 여기는 가치가 녹아 있답니다. 그리스 로마 신화 말고도 다른 나라에 전하는 많은 신화를 살펴보면서 옛 사람들의 생각을 더듬어 보는 것도 재미있을 것입니다.

올림포스 신들의 계보

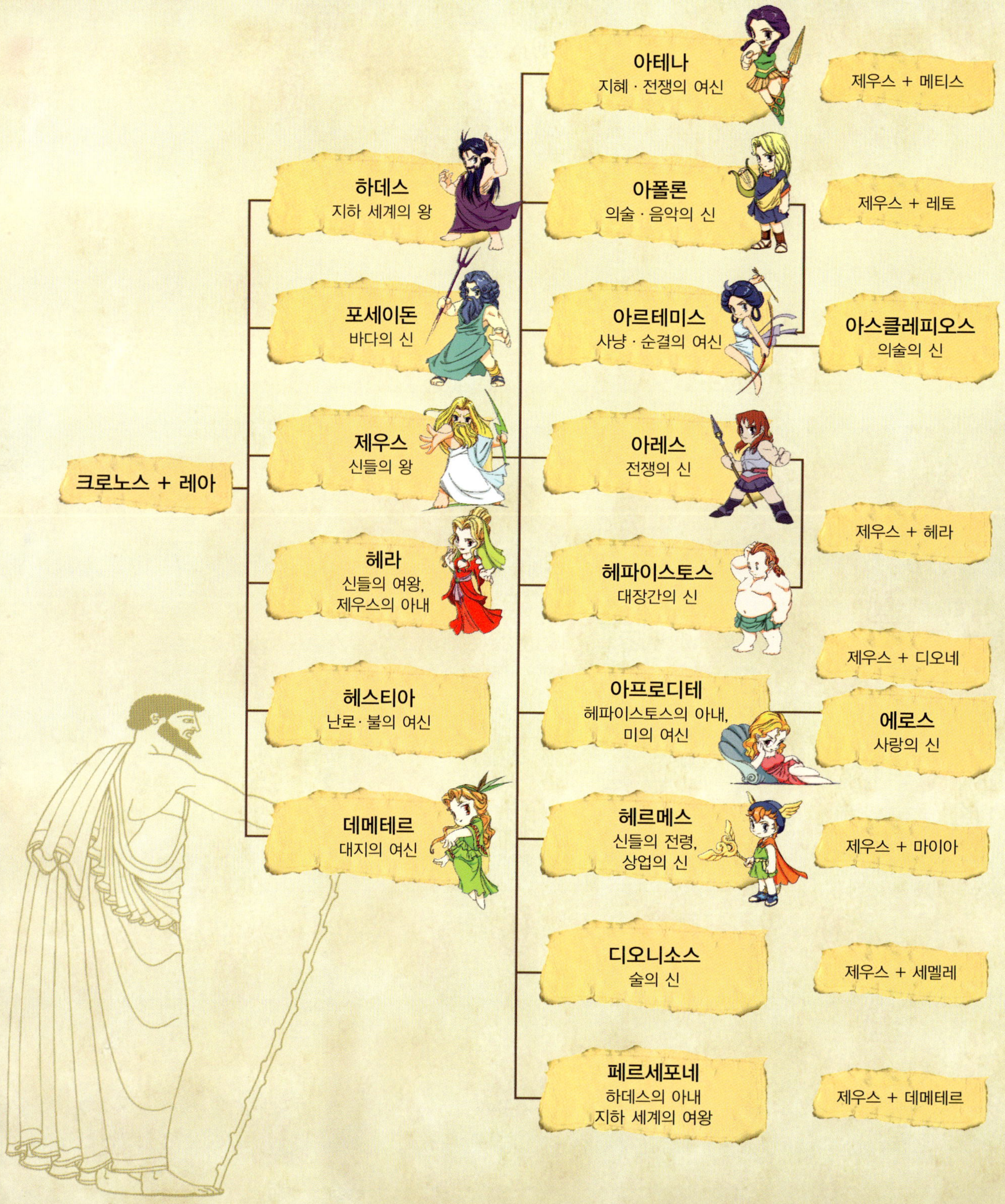

크로노스 + 레아
하데스
지하 세계의 왕
포세이돈
바다의 신
제우스
신들의 왕
헤라
신들의 여왕,
제우스의 아내
헤스티아
난로 · 불의 여신
데메테르
대지의 여신
아테나
지혜 · 전쟁의 여신
제우스 + 메티스
아폴론
의술 · 음악의 신
제우스 + 레토
아르테미스
사냥 · 순결의 여신
아스클레피오스
의술의 신
아레스
전쟁의 신
제우스 + 헤라
헤파이스토스
대장간의 신
제우스 + 디오네
아프로디테
헤파이스토스의 아내,
미의 여신
에로스
사랑의 신
헤르메스
신들의 전령,
상업의 신
제우스 + 마이아
디오니소스
술의 신
제우스 + 세멜레
페르세포네
하데스의 아내
지하 세계의 여왕
제우스 + 데메테르

그리스 로마 신화 주요 인물의 이름

그리스 어	로마 어	영어
가이아	텔루스	
니케	빅토리아	나이키, 빅토리
데메테르	케레스	세레스
디오니소스	바쿠스	바커스
레아	키벨레	시벨레
아레스	마르스	마스
아르테미스	디아나	다이애나
아테나	아테네, 미네르바	
아폴론	아폴로	아폴로
아프로디테	베누스	비너스
에로스	쿠피드, 아모르	큐피드
오디세우스	울릭세스	율리시스
우라노스	카일루스	유러너스
제우스	유피테르	주피터
크로노스	사투르누스	새턴
페르세포네	프로세르피나	
포세이돈	넵투누스	넵튠
하데스	플루톤	플루토
헤라	유노	주노
헤라클레스	헤르쿨레스	허큘리스
헤르메스	메르쿠리우스	머큐리
헤스티아	베스타	
헤파이스토스	불카누스	벌컨

그리스 로마 신화 올림포스 가디언 60

돌아온 오디세우스

펴낸이 양원석
펴낸곳 (주)알에이치코리아
등록 2004년 1월 15일 제2-3726호
주소 서울특별시 금천구 가산디지털2로 53, 20층 (한라시그마밸리)
문의전화 02)6443-8800

ISBN 978-89-255-4365-9(74800)
ISBN 978-89-255-4354-3(세트)

값 **12,800원**

원작 만화로 보는 그리스 로마 신화(가나출판사)
이광진 엮음, 홍은영 그림
명화 구입처 유로크레온(주)